W9-ANU-140

# Por qué algunos animales viven en nidos

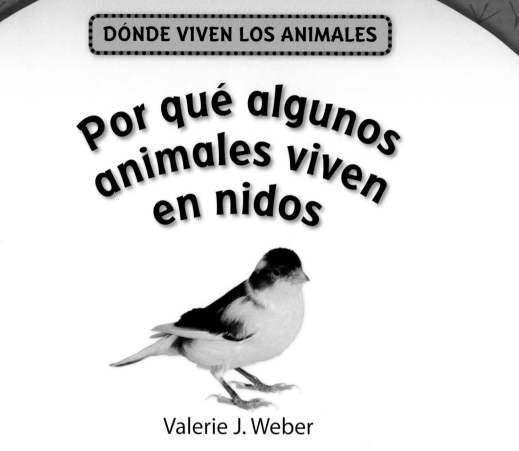

Valerie J. Weber

Consultora de lectura:

**Susan Nations, M.Ed.,** *autora/tutora de lectoescritura/consultora de desarrollo de lectoescritura*

Consultora de ciencias y contenido curricular:

**Debra Voege, M.A.,** *maestra de recursos curriculares de ciencias*

**WEEKLY READER®**

PUBLISHING

Please visit our web site at www.garethstevens.com.
For a free color catalog describing our list of high-quality books, call 1-800-542-2595 (USA)
or 1-800-387-3178 (Canada). Our fax: 1-877-542-2596

Library of Congress Cataloging-in-Publication Data
Weber, Valerie.
   [Why animals live in nests. Spanish]
   Por qué algunos animales viven en nidos / Valerie J. Weber.
      p. cm. — (Dónde viven los animales)
   Includes bibliographical references and index.
   ISBN-10: 0-8368-8810-3   ISBN-13: 978-0-8368-8810-2 (lib. bdg. : alk. paper)
   ISBN-10: 0-8368-8817-0   ISBN-13: 978-0-8368-8817-1 (softcover)
   1. Birds—Nests—Juvenile literature.  2. Animals—Habitations—Juvenile literature.
3. Nests—Juvenile literature.  I. Title.
   QL675.W3718   2008
   591.56'4—dc22                       2007043775

This edition first published in 2008 by
**Weekly Reader® Books**
An Imprint of Gareth Stevens Publishing
1 Reader's Digest Road
Pleasantville, NY 10570-7000  USA

Senior Managing Editor: Lisa M. Guidone
Senior Editor: Barbara Bakowski
Creative Director: Lisa Donovan
Senior Designer: Keith Plechaty
Production Designer: Amy Ray, *Studio Montage*
Photo Researcher: Diane Laska-Swanke
Spanish Translators: Tatiana Acosta and Guillermo Gutiérrez

Photo Credits: Cover © John Eastcott and Yva Momatiuk/Getty Images; pp. 1, 3, 4 © Photodisc; p. 5 © Solvin Zankl/
naturepl.com; p. 7 © Lenice Harms/Shutterstock; p. 8 © Fletcher & Baylis/Photo Researchers, Inc.; p. 9 © Tom and Pat
Leeson; p. 10 © Hamiza Bakirci/Shutterstock; p. 11 © Tom Mangelsen/naturepl.com; p. 12 © Danita Delimont/Alamy;
p. 13 © Ron Niebrugge/Alamy; p. 15 © Dwight Kuhn; p. 16 © Doug Perrine/naturepl.com; p. 17 © Lynn M. Stone/
naturepl.com; p. 19 © coko/Shutterstock; p. 20 © Bruce Coleman Inc./Alamy; p. 21 © Ingo Arndt/Minden Pictures

Printed in the United States of America

1 2 3 4 5 6 7 8 9 10 09 08 07

# Contenido

Las palabras del glosario se imprimen en letra **negrita** la primera vez que aparecen en el texto.

# Capítulo 1

# No sólo de aves

¿En qué piensas cuando oyes la palabra *nidos*? ¿Son las aves los únicos animales que hacen nidos?

Otros muchos animales también construyen nidos. Algunos peces hacen nidos en el agua. Los chimpancés hacen nidos en los árboles.

**Un salteador pomarino vuela a baja altura sobre un nido de pingüinos papúa.**

Cada tipo de animal hace una clase de nido diferente, pero todos los nidos sirven para las mismas cosas. Los animales usan los nidos para resguardarse. Algunos animales cuidan de sus crías en nidos. Los animales construyen sus nidos en lugares donde están a salvo de los **depredadores**. Los depredadores son animales que se comen a otros animales.

# Capítulo 2

# Del suelo a las alturas

La mayoría de los pájaros construyen nidos. Algunos nidos son, simplemente, un pequeño agujero en el suelo. Ese tipo de nido recibe el nombre de nido escarbado. Otros nidos son enormes **estructuras** en lo alto de los árboles. Algunos pájaros usan rocas, lodo o palitos para hacer sus nidos. Otros utilizan plumas, ramitas, telas de araña, hierba o saliva.

Los seres humanos tienen diferentes tipos de vivienda según el lugar donde viven. En lugares calurosos, la gente construye casas frescas. En lugares fríos, construye casas que conservan el calor. Las viviendas se adaptan al **medio**.

**La brisa del mar refresca esta casa construida sobre pilotes en el agua.**

7

El tipo de nido que construye un pájaro depende del lugar donde vive. Los pájaros que viven en la costa suelen hacer sus nidos en la arena o entre piedras. Mueven las piedras o la arena para hacer un pequeño agujero que parece un pequeño cuenco.

La gaviota del Ártico hace su nido en un área rocosa. Los huevos manchados parecen piedras para que a los depredadores les cueste verlos.

Es posible que hayas visto zorzales cerca de tu casa. Los zorzales suelen hacer sus nidos entre la densa vegetación de arbustos o árboles. Las hojas ayudan a ocultar el nido para que los depredadores no puedan encontrarlo fácilmente.

**El nido de este zorzal está bien escondido en un árbol en flor.**

Para hacer sus nidos, los zorzales arrancan gruesas hierbas y buscan ramitas. Para pegar la hierba y las ramitas utilizan lodo. Luego, forran el nido con hierba fresca de manera que esté mullido para los huevos.

**Los zorzales "pegan" el material de sus nidos con lodo.**

hierba

ramitas

lodo

huevos

Las águilas necesitan una amplia zona para cazar. Desde lo alto, son capaces de ver a pequeños animales que se mueven en el suelo. Esas presas serán el alimento de sus **polluelos**, o crías.

Un águila planea a gran altura en busca de comida. Su vista es muy aguda.

Las águilas hacen sus nidos en lo alto de los árboles o en el borde de acantilados. Como ningún otro animal las ataca, pueden dejar sus nidos al descubierto.

El nido lo construyen el macho y la hembra. Primero, recogen palos grandes.

**Un águila calva anida en lo alto de un acantilado.**

Despúes, los entretejen. Por último, tapizan el nido con musgo, hierba y hojas de pino. Algunos nidos de águila son muy grandes y resistentes. ¡Una persona adulta podría pararse sobre un nido de águila calva sin romperlo!

**Las águilas hacen enormes nidos en las copas de árboles altos.**

# Capítulo 3

# Nidos de arena y burbujas

Algunos peces y reptiles también hacen nidos para sus huevos y sus crías. Los **reptiles**, como por ejemplo los lagartos y las tortugas, son animales de piel seca y escamosa.

Algunos peces se limitan a apartar piedritas del fondo marino y pegan sus huevos a las piedras. Otros peces construyen nidos usando pequeñas plantas.

Algunos peces usan también burbujas para construir sus nidos. Hacen las burbujas soplando con la boca. Después, usan su saliva para pegar las burbujas. En cada burbuja ponen un huevo. El macho protege las burbujas de los depredadores hasta que se produce la **eclosión** de los huevos.

**Algunos peces hacen nidos de burbujas flotantes para guardar sus huevos.**

Muchos reptiles también hacen nidos para sus huevos. Algunos de estos animales no se quedan a esperar que las crías salgan de los huevos.

Uno de esos reptiles es la tortuga boba. Esta gran tortuga pasa la mayor parte de su vida en el mar.

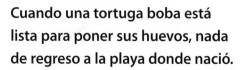

Cuando una tortuga boba está lista para poner sus huevos, nada de regreso a la playa donde nació.

Cuando llega el momento de poner los huevos, la tortuga hembra se arrastra hasta una playa. Usando sus grandes **aletas**, escarba un agujero en la arena caliente. Allí, deposita unos cien huevos y los cubre con arena. Después, regresa al océano. La mamá tortuga nunca vuelve a ver los huevos, ni a sus crías.

**La hembra de tortuga boba se arrastra a una playa. Allí escarba en la arena un nido donde pone los huevos.**

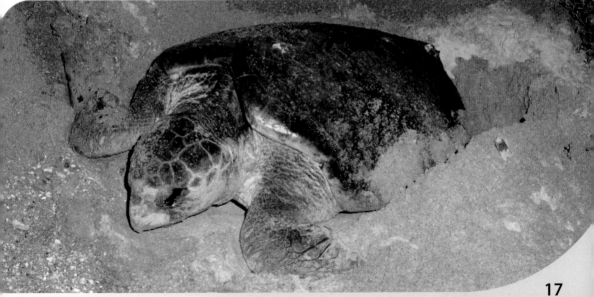

# Capítulo 4

# Nidos de mamíferos

Los **mamíferos** son muy diferentes a las tortugas bobas. Son animales de sangre caliente que producen leche para sus crías. Algunos mamíferos tienen a las crías en su nido y permanecen con ellas para cuidarlas.

Los conejos de cola de algodón son mamíferos que viven en América del Norte. Es posible que hayas visto alguno cerca de tu casa.

Estos conejos tienen ojos grandes, orejas largas y patas traseras fuertes. Su nombre se debe al pequeño penacho de pelo blanco que tienen en la cola.

Las conejas hacen el nido en lugares escondidos de los depredadores. A veces, es posible encontrar un nido de conejo bajo un arbusto o un tronco. Otras veces los conejos hacen sus nidos entre hierbas altas.

**Un conejo de cola de algodón escarba un agujero en el suelo junto a un arbusto o un tronco entre la hierba alta.**

Para hacer el nido, la coneja recoge hierbas. También usa pelo de su cuerpo para tapizar el nido. Los conejitos nacen sin pelo. El pelo suave que recubre el nido les protege la piel.

**Una coneja de cola de algodón suele tener cuatro o cinco crías de una vez.**

Los chimpancés también son mamíferos. La madre construye un nuevo nido cada noche. Primero rompe algunas ramas pequeñas. Después, las apila entre el tronco del árbol y dos ramas grandes. Allí, la madre y su cría duermen.

En todo el mundo, los bebés humanos también duermen en casa cerca de sus madres todas las noches.

**Cada noche, la mamá chimpancé hace un nido para que ella y su cría puedan dormir.**

# Glosario

**aletas:** partes anchas y planas del cuerpo de un animal, que éste usa para nadar

**depredadores:** animales que cazan y devoran a otros animales

**eclosión:** apertura del huevo

**estructuras:** cosas construidas o levantadas

**mamíferos:** animales de sangre caliente que tienen espina dorsal y alimentan a sus crías con leche que producen en su cuerpo

**medio:** área donde vive una persona, un animal o una planta

**polluelos:** crías de pájaros

**reptiles:** animales que tienen la piel cubierta de escamas o placas óseas. Los reptiles ponen huevos.

# Más información

## Páginas web

**The Birdhouse Network**
**www.birds.cornell.edu/birdhouse/nestboxcam**
Mira videos de pájaros construyendo nidos y viviendo en ellos.

**PBS: Nature**
**www.pbs.org/wnet/nature/turtles/navigate.html**
Conoce cómo las tortugas encuentran las playas donde ponen los huevos.

**Ranger Rick**
**www.nwf.org/kidzone/kzPage.cfm?siteId=3&departmentId=82&articleId=889**
Aprende cómo construyen sus nidos los caimanes y qué hacen para mantener la temperatura de sus huevos.

**Nota de la editorial a los padres y educadores:** Nuestros editores han revisado con cuidado las páginas web para asegurarse de que son apropiadas para niños. Sin embargo, muchas páginas web cambian con frecuencia, y no podemos garantizar que sus contenidos futuros sigan conservando nuestros elevados estándares de calidad y de interés educativo. Tengan en cuenta que los niños deben ser supervisados atentamente siempre que accedan a Internet.

# Índice

## Información sobre la autora

A Valerie Weber, que ha sido escritora y correctora durante más de veinticinco años, le gusta especialmente trabajar en libros para niños. Los temas de sus libros han sido siempre fascinantes: desde las extrañas maravillas del mar, o la vida de las niñas durante la Segunda Guerra Mundial, a la explicación de cómo se hace una película. Valerie desea expresar su gratitud a su familia, incluyendo a su esposo y sus hijas, y a sus amigos por su apoyo y por escuchar los datos curiosos que ha descubierto durante su trabajo. Por ejemplo, ¿sabían que las ranas usan los globos oculares para empujarse la comida hacia el estómago?